折形

基本の包みと暮しの贈りもの

ORIGATA DESIGN

内野敏子

ORIGATA
4-5　折形と現代のラッピング

BASIC SIZE 1
6-9　Ａ４サイズで折る

BASIC SIZE 2
10-13　Ａ４½サイズで包む

BASIC SIZE 3
14-17　Ａ４サイズにはさみを入れる

BASIC SIZE 4
18-21　１枚の紙で折る、熨斗つきの折形

BASIC SIZE 5
22-25　折り紙で包む

BASIC SIZE 6
26-29　じゃばら折りの包み

BASIC SIZE 7
30-33　半紙と折り紙で折る

TAG
34-37,86　短冊で遊ぶ

Contents

38-41	**TWINE・CODE・STRING** 結ぶひもで遊ぶ	73	**BASICS** 折形　基本のレッスン
42-45,82	**NOSHI** 熨斗を遊ぶ	74-75	**PAPER** 紙のこと
46-49,84	**BAG & ENVELOPE 1** 袋を作る	76-77	**FORMAL** 基本の結びと折形
50-53	**BAG & ENVELOPE 2** 折曲厳禁の封筒を作る	78-79	**SHUGIBUKURO** 祝儀袋を折る
54-57	**PETIT GIFT 1** 小さなものを包む	80-81	**MIZUHIKI** 水引の結び方
58-61	**PETIT GIFT 2** 香りを包む	87	**STANDARD SIZE** 封筒と紙の話
62-65	**KAKEGAMI 1** 掛け紙を遊ぶ		
66-69	**KAKEGAMI 2** 掛け紙で遊ぶ		
70-72	**BAG & ENVELOPE 3** プチ封筒の アドベントカレンダー		

ORIGATA

折形と現代のラッピング

「折形」とは、和紙で進物を包むときの方法やその包みのことで、武家の礼法として生まれました。相反して、公家社会は布帛で包み組紐をかけていました。

水引工芸を始めてしばらくして、「祝儀袋は作らないの?」と聞かれることが増えたのですが、「決り事や地域性もあるようなので、曖昧な知識で作るのはちょっと……」と言うのが私の正直な気持ちでした。しかし、十数年前にとても親しい友人から頼まれたことなどをきっかけに、重い腰を上げました。

祝儀袋を作るうえでまず考えたのは、正しいことをきちんと理解したうえで、自分らしく、今の時代に合った、贈る相手に喜ばれるものを生み出すことでした。幸運にも理想的な手漉きの和紙に出合い、結びも研究し、現在も同じものを作り続けています。

普段の生活の中で、ものを贈り合うことも日常のひとつであるかと思います。その都度和紙で包み、水引で結べたらすてきなことだとは思いますが、印刷物の発展等により代用物がたくさん存在する現代、それが容易にできるかたは少なく、また材料(手漉きの和紙や水引)も簡単に手に入りません。つまりは実生活とずれてきているのです。であれば、もっと今の暮しに合った、けれども正しいことは守りつつ変化していけばいいのではと考えました。

この本の中では基本的な折形に加え、もっと自由に気楽にできる包み方や紙の選び方をご紹介しています。折形も現代のラッピングのひとつと考え、肩の力を抜いて、遠い昔と今に気持ちをはせながらトライしてみてください。また伝統の折形も意味を知ると、決り事も素直に受け入れることができ、もっと身近になりますので、知る機会を持っていただけたらうれしいです。

a

b

c

d

A4サイズで折る

BASIC SIZE 1

普段の暮しの中で身近なA4サイズのクラフトペーパーを使って4種類の折形をご紹介します。
ここでは同じサイズに仕上げていますが、包むものによって出来上りも変化します。

HOW TO MAKE / P.8-9

一見封筒みたいに仕上げる方法。横使いにも縦使いにも使えて便利です。

重ね部分に表情をつけたパターン。紙の裏色も生かしています。

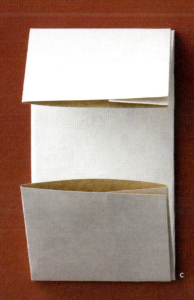

いちばんシンプルな折形。表の重ねは右上にしていますが、不祝儀の場合は逆になります。この重ね部分のあきが細いほど美しい形です。

折って包み込む形。中のものがこぼれないように、またきちんと包みたい時に向いています。

A4サイズで折る

BASIC SIZE 1

DESIGN / P.6-7

本書ではこのページのように、型紙を厚紙（ボール紙等）で作り、
それを利用して折っていく方法を多く紹介しています。
本来、折形は贈るものを紙の中央に置いて包んでいきますが、
同じものを複数作るときは型紙を用意してから始めると早くきれいに仕上がります。
出来上りは中に包むものや使用する紙の厚みで変化します。
贈るものに合わせて紙を選ぶ楽しみも忘れないでください。

材料
クラフトペーパーデュプレN＝A4サイズ（210×297mm）各1枚
型紙用の厚紙＝85×145mm

仕上りサイズ（共通）
約148×90mm

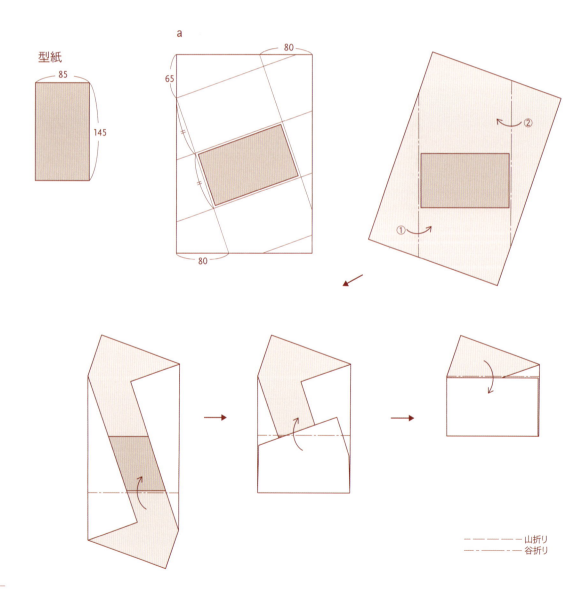

------- 山折り
-・-・- 谷折り

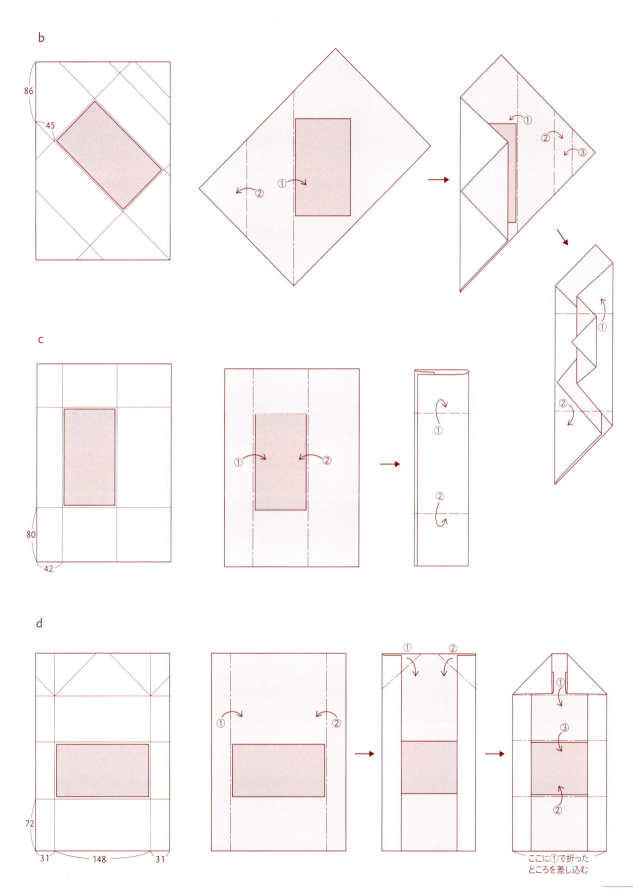

BASIC SIZE 2
A4 ½ サイズで包む

A4サイズの紙を縦半分にカットして使ってみると、意外な効果が出てきます。
HOW TO MAKE / p.12-13

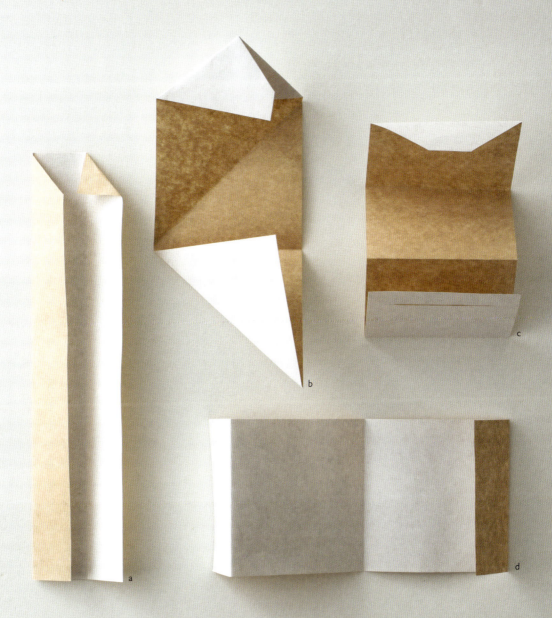

a／着物を着せてあげるように折る折形。長いものを包むのに向いています。下部分は斜めに折り上げたり、水引などで結んでも。

b／まるでクレープ屋さんみたいなパターン。仕上げを中に折り込んでいるので、中身を見せて包めば、贈られた相手も楽しくなります。

c／こちらは最後に切込みを入れています。ものを贈ると同時に、包む紙にメッセージを書き込めば開けた時に2倍喜ばれそう。

d／帯封状のシンプルな包みですが、使いみちの広がる折形です。円筒状のものから薄い板状のものまで、見える包装ができます。

A4 ½サイズで包む

BASIC SIZE 2

Design / P.10-11

A4縦½にカットした紙は思うよりも使いみちが広く、包んだり、掛け紙にも向いています。
a,b,dは中身の見える方法で、元々の折形の技法にそっています。
cは切込みを入れたり、紙をカットしたりとイレギュラーですが、
今の生活に見合った方法として紹介しています。

材料
クラフトペーパーデュプレN＝A4 1/2サイズ（105×297mm）各1枚

仕上りサイズ
aは約40×200mm、bは約75×148mm、cは約105×67mm、dは約105×105mm

a

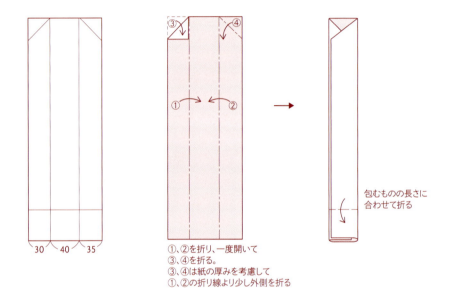

①、②を折り、一度開いて
③、④を折る。
③、④は紙の厚みを考慮して
①、②の折り線より少し外側を折る

b

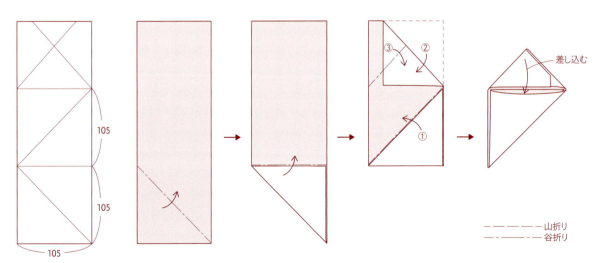

c

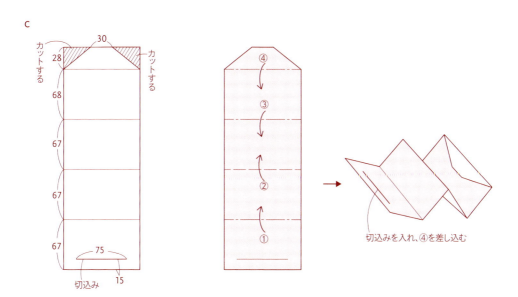

切込みを入れ、④を差し込む

d

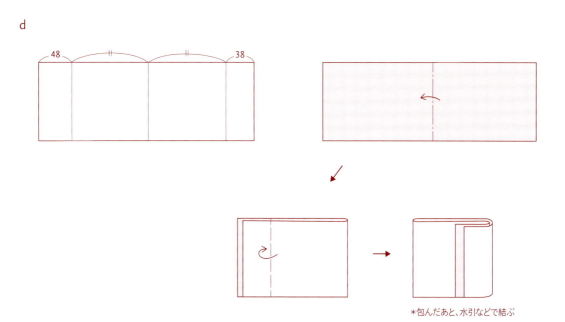

*包んだあと、水引などで結ぶ

BASIC SIZE 3
A4サイズにはさみを入れる

A4サイズの紙にはさみを入れると
さらに世界が広がります。
HOW TO MAKE / P.16-17

a

L字にカットして折るパターン。小さな本のようにも使えます。中にメッセージを書いて、小さな贈りものと共に。

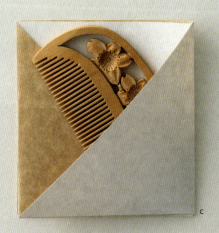

b

扉を開けるように楽しさを包むパターン。シールなどで仕上げればさらに贈られた相手も笑顔に。

c

おくるみのように包み込むパターン。ちょこっと見せるラッピングにとても合います。

A4サイズにはさみを入れる

BASIC SIZE 3

DESIGN / P.14-15

A4の紙をパズルのように使ってみました。
紙をカットするときはカッティングマットを用意し、カッターナイフを使用するほうが美しく仕上がります。
ただし、和紙を使う場合は必ずはさみで行なってください。
和紙の繊維がからむのでカッターナイフでは余程新しい刃を使うなどしないときれいに切れません。
また図案の中では計算どおりにきれいにおさまる形も、
実際は紙の厚みできれいなラインが出ない場合もありますので、微調整が必要です。

材料
クラフトペーパーデュプレN＝A4サイズ（210×297mm）各1枚

仕上りサイズ
aは約75×106mm、bは約100×100mm、cは約99×104mm

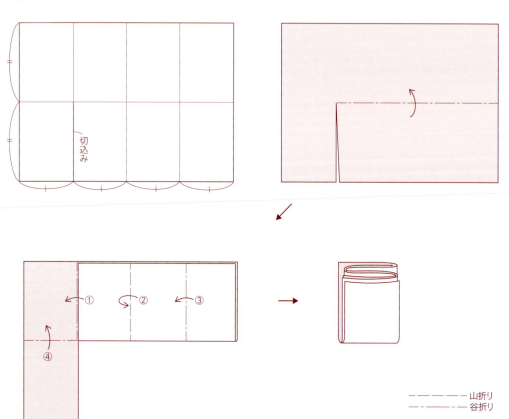

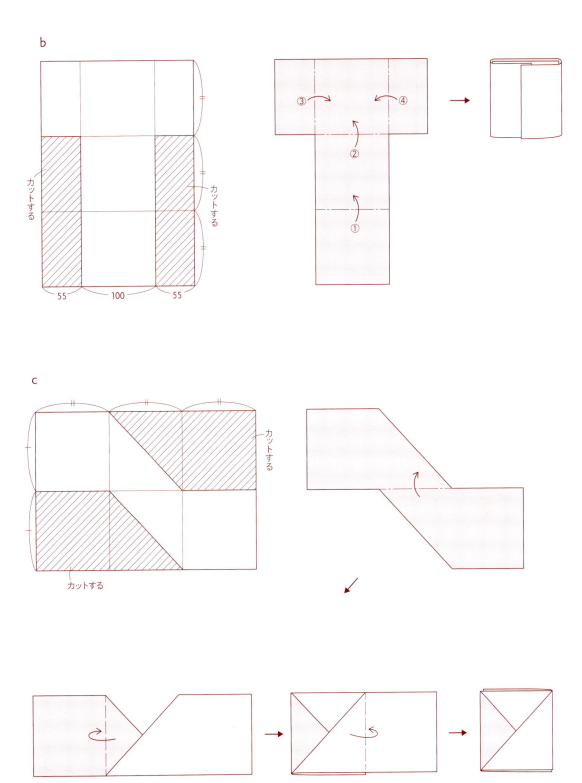

BASIC SIZE 4
1枚の紙で折る、熨斗つきの折形

1枚の紙で折ることができ、簡単なのにとても丁寧に見える折形です。身近なサイズの紙4種類で折ってみましょう。
左からB5サイズで名刺を包む、A4サイズでA7サイズを包む。包んだあとに赤い奉書で熨斗部分に紅をさしています。B4サイズでB7サイズを包む、A3サイズではがきを包む。

How to make / p.20-21

1枚の紙で折る、熨斗つきの折形

BASIC SIZE 4

DESIGN / P.18-19

昔からある折形の一つで一見難しそうに見えますが、
とても合理的でこれを覚えておくととても便利です。
本書では白い半紙をいろいろ使ってみましたが、ひとくちに白といっても
それぞれ個性があり美しいこともおわかりいただけるのではと思います。
赤い奉書をはる方法はとても印象的で本書のために考えましたが、私自身とても気に入っています。

材料

半紙＝P.18 左はB5サイズ（182×257mm）、右はA4サイズ（210×297mm）、
　　　P.19 左はB4サイズ（257×364mm）、右はA3サイズ（297×420mm）

赤の奉書（P.18の右のみ）＝30×30mm

型紙用の厚紙＝P.18 左は名刺サイズ（55×91mm）、右はA7サイズ（74×105mm）、
　　　　　　　P.19 左はB7サイズ（91×128mm）、右ははがきサイズ（100×148mm）

仕上りサイズ

P.18 左は55×91mm（名刺サイズ）、右は74×105mm（A7サイズ）、
P.19 左は91×128mm（B7サイズ）、右は100×148mm（はがきサイズ）

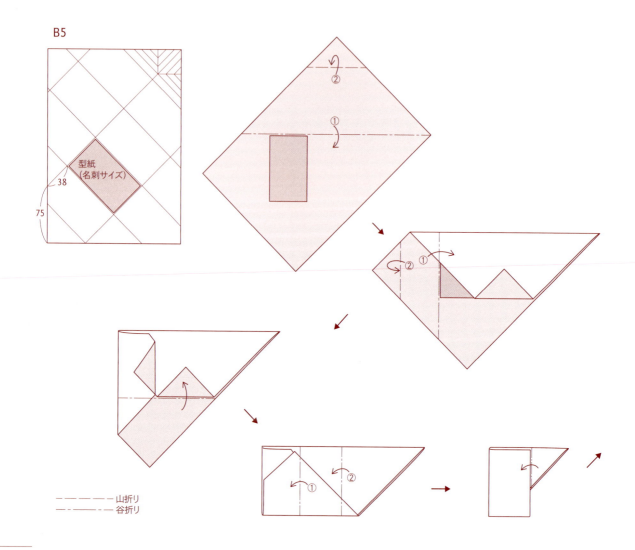

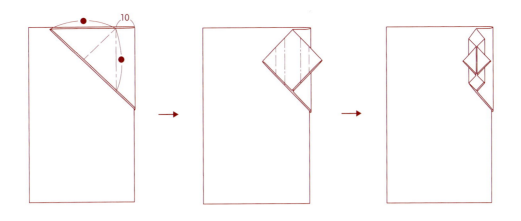

A4

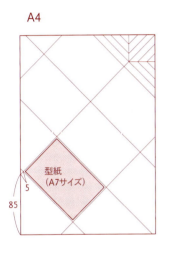

型紙
（A7サイズ）

5
85

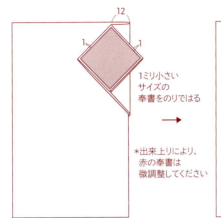

12
1　1

1ミリ小さい
サイズの
奉書をのりではる

＊出来上りにより、
赤の奉書は
微調整してください

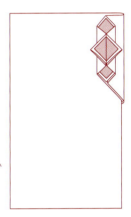

B4

型紙
（B7サイズ）

10
105

A3

型紙
（はがきサイズ）

25
122

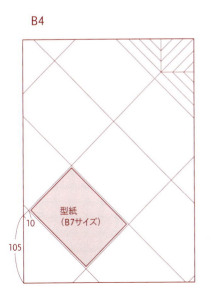
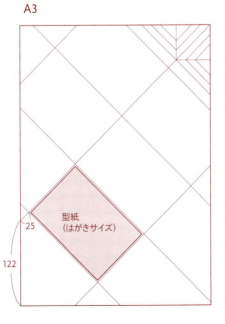
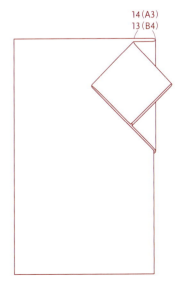

14（A3）
13（B4）

折り紙で包む
BASIC SIZE 5

最近はいろいろなサイズの折り紙が市販されていて便利です。1枚の折り紙で全く雰囲気の異なる折形ができ上がります。

HOW TO MAKE / P.24-25

1枚でポケットがいくつも重なる折形。贈りものにはりつけたり、透ける封筒に入れて使ってみましょう。
上 150角サイズ 下 240角サイズで折ったもの

封筒みたいな折形。シールなどで
おめかししても楽しい。

150角サイズと240角サイズで折ってみました。斜めに
ちょこっと見せる折形は小さくても見栄えがします。

折り紙で包む

BASIC SIZE 5

DESIGN / P.22-23

ここでは片面に色のついた折り紙を使用しましたが、
最近はいろいろな柄が入ったものや、両面色違いのものも多く販売されていますので、
試してみられたらよいでしょう。2枚重ねで使ってみてもおもしろいと思います。

材料
赤の折り紙＝P.22 上は150×150mm、下は240×240mm、
　　　　　　P.23 上は150×150mm、左下は240×240mm、右下は150×150mm

仕上りサイズ
P.22 上は約105×62mm、下は約170×105mm、
P.23 上は約90×60mm、左下は約60×120mm、右下は約38×75mm

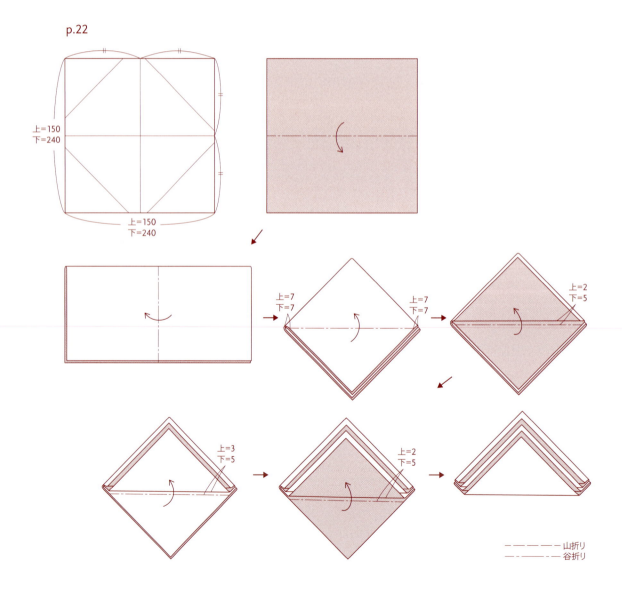

p.23上

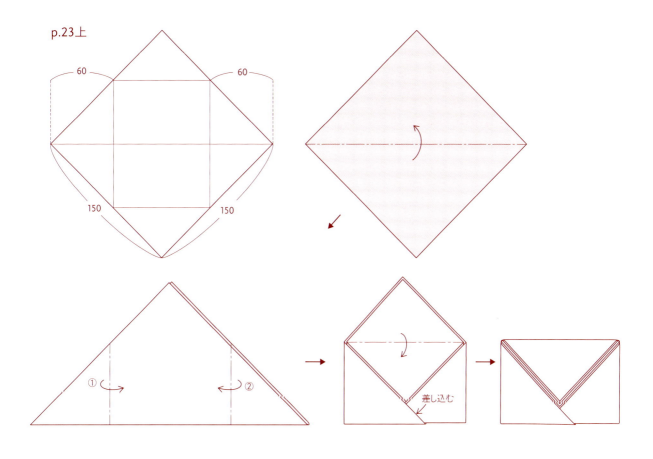

差し込む

p.23下

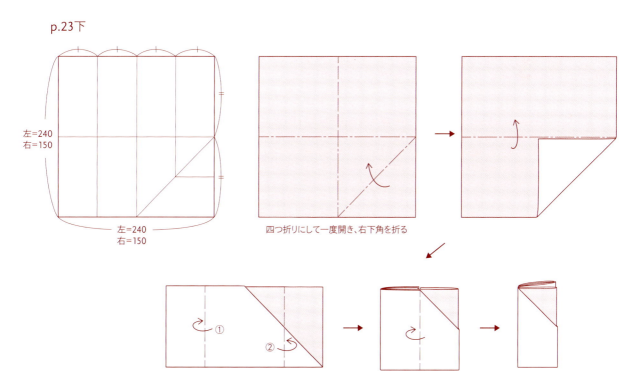

左=240
右=150

左=240
右=150

四つ折りにして一度開き、右下角を折る

BASIC SIZE 6
じゃばら折りの包み

両面色違いの紙や2種類の紙を重ねたもので、簡単におもしろいラッピングができます。規格サイズの紙を使って包んでみましょう。グラシン紙などの透ける紙を使うと特に効果が出ます。

How to make / p.28-29

BASIC SIZE 6 じゃばら折りの包み

DESIGN / P.26-27

じゃばら折りは印刷物（パンフレット）等に使われる形ですが、
ラッピングにとても向いていると考え、応用してみました。
薄い紙と厚い紙、透ける紙がとても有効です。紙を用意するときはカッティングマットの上で
サイズをきちんとはかったうえでカッターナイフと定規を使ってください。
2枚重ねの場合は意図しなくてもずれていくので、そこがまたよい感じに見せてくれます。
パラフィン紙（ろうびきの紙）やグラシン紙が入手しづらい場合はトレーシングペーパーで代用したり、
お菓子などの箱に入っている紙を利用してもよいでしょう。

材料
半紙＝P.26 左はパラフィン紙＝A4サイズ（297×210mm）、チョコグラシン＝A4サイズ、麻ひも＝長さ30cm
　　　　　右はパラフィン紙＝A3サイズ（420×297mm）、パラフィン紙（クラフト）＝A3サイズ
　　　P.27 左はクラフトペーパーデュプレN＝A3サイズ
　　　　　右はD-CRAFTフラワー＝A3サイズ、カラー薄葉紙＝A3サイズ、カラー薄葉紙＝150×40mm

仕上りサイズ
P.26 左は約75×210mm、右は約72×233mm、
P.27 左は約70×210mm、右は約73×183mm

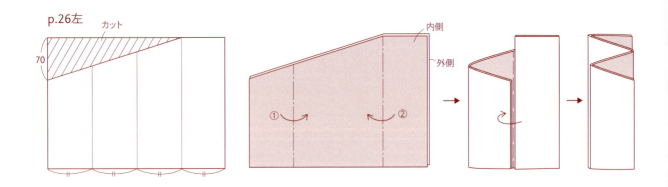

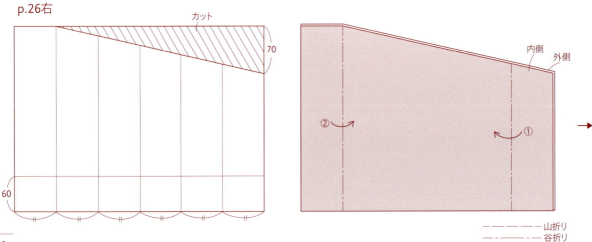

- - - - - 山折り
- ‧ - ‧ - 谷折り

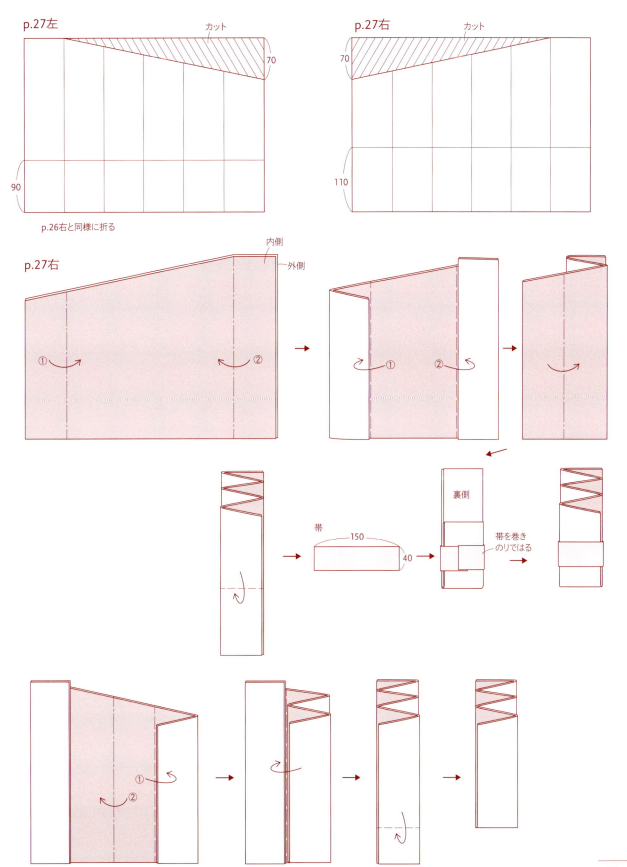

BASIC SIZE 7
半紙と折り紙で折る

半紙は懐紙と同じく、比較的和紙の中でも入手しやすい紙の一つですので、家にストックしておくと便利です。ここでは両面に色のついた折り紙をはさんだり、重ねたりと様々に使用しました。贈る相手を思いながら、色を選ぶのも楽しいものです。

How to make / p.32-33

BASIC SIZE 7 半紙と折り紙で折る

DESIGN / P.30-31

P.30にも書いていますが、ここでは半紙と共に、両面が同じ色の折り紙を使用しました。
きちんと同じサイズに折ることができるように型紙も利用しています。
とても身近にある材料だけで美しい折形に仕上がります。
折ったものをストックしておけば、
いつでもさっと出して使えるので普段使いに便利です。
お札を二つ折りにしたものにもぴったりですので、
お年玉用にもおすすめです。

材料
半紙
両面色つきの折り紙＝150×150mmを各色適宜
型紙用の厚紙＝95×95mm
両面テープ

仕上りサイズ（共通）
約97×97mm

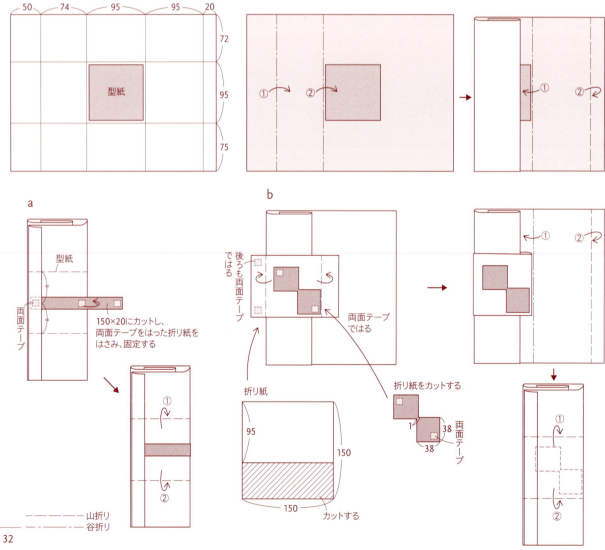

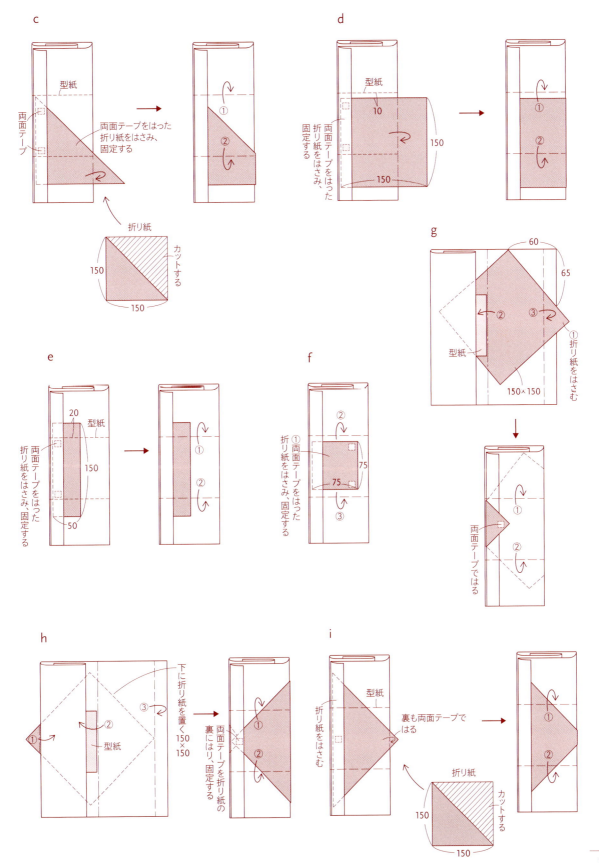

短冊で遊ぶ

気の置けない相手なら祝儀袋の表書きを、
こんな風に遊ぶのも楽しい。
P.30／活版印刷した短冊にパンチで穴をあ
け、水引を結びそれをはりつけています。
P.31／未さらしのコースターを短冊代りに。
楽しいメッセージを書いて渡しましょう。
How to make ／ P.36-37,86

短冊で遊ぶ TAG

DESIGN / P.34

結婚のお祝いの時など、上書きを書くのが苦痛なかたも多いかもしれません。
人生に何度もないけれど、折々に訪れる機会。
そんな時でも遊び心いっぱいの短冊をタグのように使った祝儀袋を作ってみませんか？
気が置けない友人ならきっと喜んでくれるでしょう。手書きの文字と合わせてどうぞ。
ここでは100×180mmの型紙を使っていますが、包むものによってサイズは変わります。

材料

半紙＝P.34 左はクラフトペーパーデュプレN＝A3サイズ（297×420mm）、活版印刷カード「OIWAI」、絹巻水引＝赤45cm
　　　　右はクラフトペーパーデュプレN＝A3サイズ、活版印刷カード「御祝」、絹巻水引＝赤45cm
型紙用の厚紙＝100×180mm
両面テープ

仕上りサイズ（共通）

約103×185mm

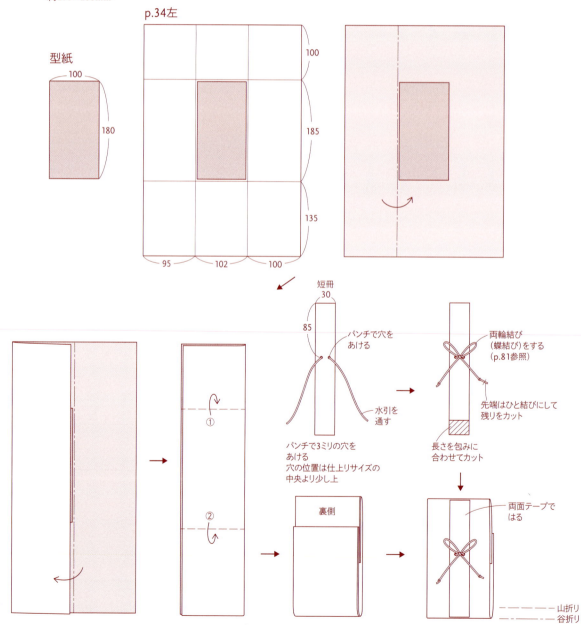

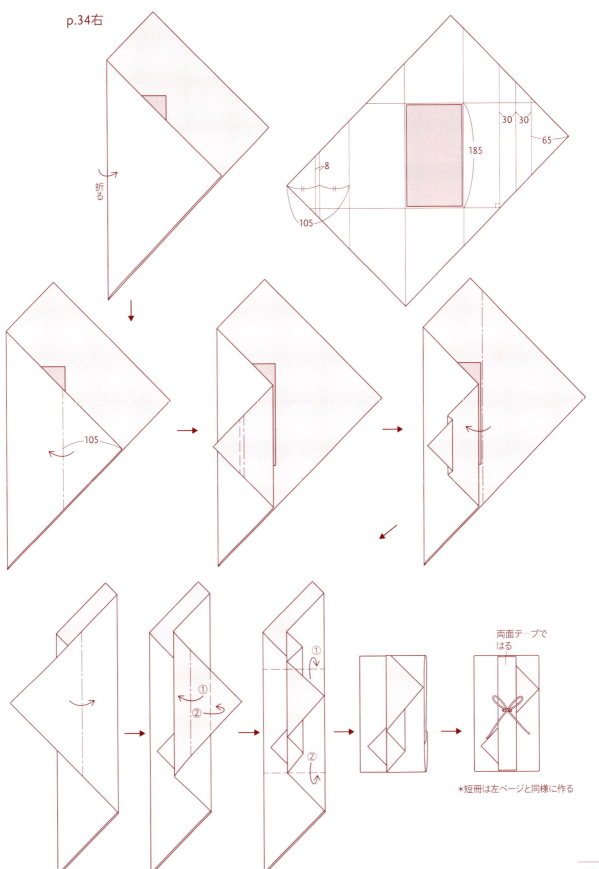

結ぶひもで遊ぶ

TWINE・CODE・STRING

いろいろな素材を使って結ぶと表情が変わります。
左から麻苧(麻の緒)、水引、麻ひも。 P.39・左上／毛糸、右上／真鍮ワイヤ、左下／コード入りひも、右下／コットンひも

HOW TO MAKE / P.40-41

結ぶひもで遊ぶ

TWINE・CODE・STRING

DESIGN / P.38-39

P.18-19でも使用していますが、白い紙は無表情のように見えて実はとても表情が出ます。
結ぶひもも身近にあるもので充分です。ただし、お祝いの場合は紙もひもも黒や銀の1色づかいは控えましょう。
また黄色や水色も地域によっては不祝儀のイメージがあるので避けてください。
P.38で使用した麻苧（あさお／麻の緒と呼ぶ地域もあります）は
麻やからむしの繊維から作られた、日本では神事に使われる素材です。
他にも水引、ワイヤ、毛糸などで遊んでみました。
好きな素材や普段使いなれた入手しやすい素材を身の回りで探してみてください。

材料

半紙＝a　石州書道和紙、麻苧（麻の緒）＝40cm
　　　b　美濃和紙、絹巻水引（白）＝90cm1本、30cm1本
　　　c　画仙紙純雁皮、麻ひも＝2m
　　　d　内山障子紙、毛糸＝60cm
　　　e　画仙紙竹葉、真鍮ワイヤ#34＝2m
　　　f　画仙紙純雁皮、ワイヤ入りひも（DMCメモリー）＝1m
　　　g　半紙、USAコットンひも＝3m
型紙用の厚紙＝85×145mm

仕上りサイズ（共通）
約87×148mm

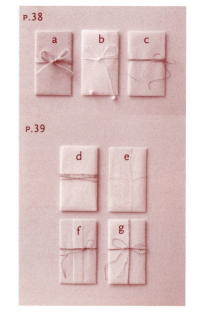

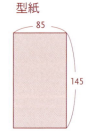

型紙

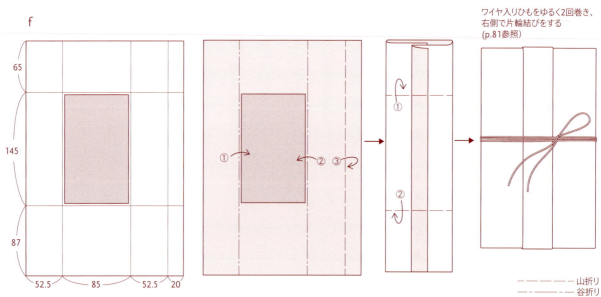

a （折形はp.9-cと同じ）

麻苧で両輪結び
(蝶結び)をする
(p.81参照)

b （折形はp.9-cと同じ）

90cmの水引の端で
玉結びを編み(p.81参照)、
全体の長さを60cmにカット。
30cmで玉結びを編み、先端を少し折って
木工用接着剤でつける。
乾いたら両輪結び(蝶結び)を
する(p.81参照)

c （折形はp.9-cと同じ）

麻ひもを無造作に
5回ほど巻き、
右端で両輪結び
(蝶結び)をする(p.81)。
先はランダムに
カットする

d （折形はp.9-cと同じ）

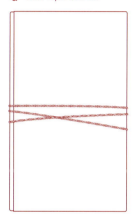

毛糸を3回ほど巻き、
裏側で結んでカットする

e （折形はp.9-cと同じ）

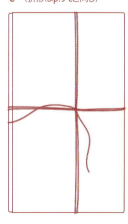

ワイヤで2周クロスがけ
にし、中心で軽くねじって
とめる

g （折形はp.9-cと同じ）

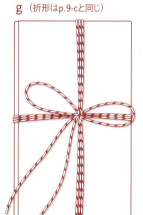

コットンひもを3周クロスがけ
にし、中心で両輪結び
(蝶結び)をする(p.81)。
先はランダムにカットする

熨斗を遊ぶ
NOSHI

元々は「鮑熨斗(あわびのし)」という、貴重な鮑を乾燥して平たくのしたものを、他の品々と共に結納品として贈っていました。時代が変わり、印刷された熨斗がついたものを熨斗紙と呼ぶようになりました。贈りもののパーツとして熨斗を遊んでみましょう。

How to make / p.44-45, 82-83

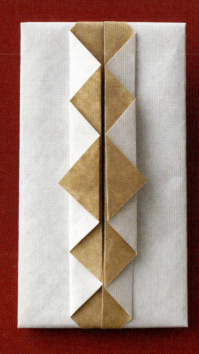

上／中央を数回折り返して華やかな熨斗に見立てました。
下／熨斗の形を切り抜きました。中の紙の色が見えるので他の紙をはさんでも楽しめます。

同じ大きさの紙で折った熨斗
です。贈りものの箱をおめかし
してみましょう。

熨斗を遊ぶ

NOSHI

DESIGN / P.42

「熨斗を遊ぶ」まさにそんな提案です。

P.42上の折形は小さな紅白の折り紙などで折れば、それ自体が熨斗としても使用できます。
同ページ下の型抜きの熨斗は窓つき封筒のイメージで中が見える部分を遊べるように考えました。
作っておくと便利な熨斗のテンプレート（型板）をカットするときは
きちんとカッティングマットの上で作業してください。

材料

P.42 上はクラフトペーパーデュプレN＝297×297mm
　　　下左はクラフトペーパーデュプレN＝A3サイズ（297×420mm）、赤の奉書＝50×50mm
　　　下右はクラフトペーパーデュプレN＝A3サイズ
型紙用の厚紙＝100×180mm
テンプレート用の厚紙＝50×50mm

仕上りサイズ（共通）

約105×185mm

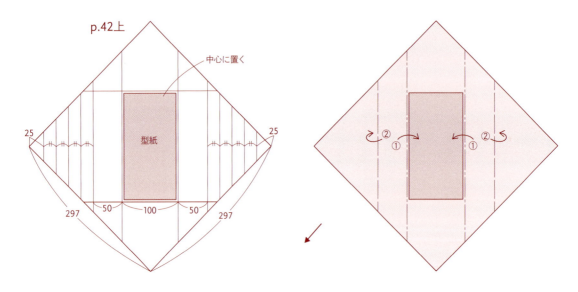

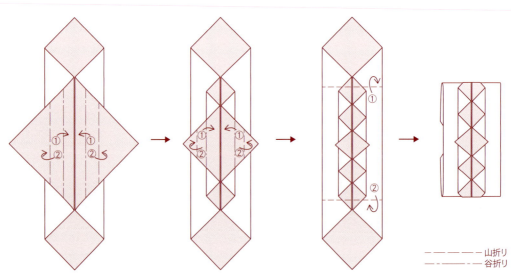

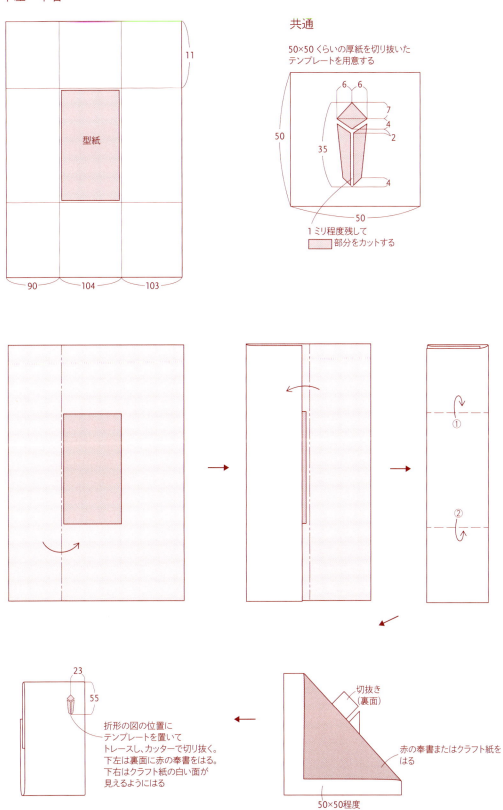

袋を作る
BAG & ENVELOPE 1

包むよりも袋に入れるほうが暮しの中では多いと思います。作り方は簡単なので、身近な紙で作ってみましょう。クラフト紙や糸入りクラフト紙、パラフィン紙だけでなく、好みの紙で作ってみてください。持ち手や口のとめ具もお好みで。

How to make / p.48-49,84-85

袋を作る

BAG & ENVELOPE 1

Design / P.46-47

P.46-47に10点並んだ紙袋。サイズの違いだけで作り方は2パターン。
特に角底袋はコツが分かるととても簡単に作れるようになるので、トライしてみてください。
持ち手はクラフトバンドの他に、家にストックしていた既製の手さげ袋のものを再利用し、
ろうびきしたものを使用しています。
クラフト紙はロールで購入することも可能なので、
目的に合うサイズでカットすれば便利です。
ホームセンターなどでも入手できますので、探してみてください。

材料

a 糸入りクラフト紙＝A3サイズ（420×297mm）、持ち手＝30cm1本
h パラフィン紙＝420×250mm（A3サイズを47mmカット）、持ち手＝21cm2本
i D-CRAFTドット＝A3サイズ
j 銀竹クラフト紙＝300×225mm

仕上りサイズ (W×H×D)

a 約115×237×80mm 、h 約140×175×60mm 、
i 約138×240×60mm 、j 約100×190×40mm

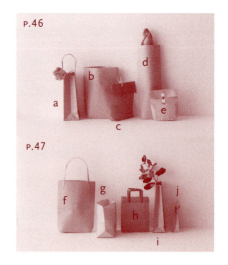

[角底袋の作り方はa、h、i、j共通]

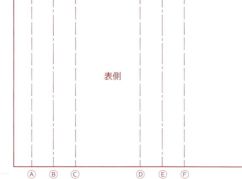

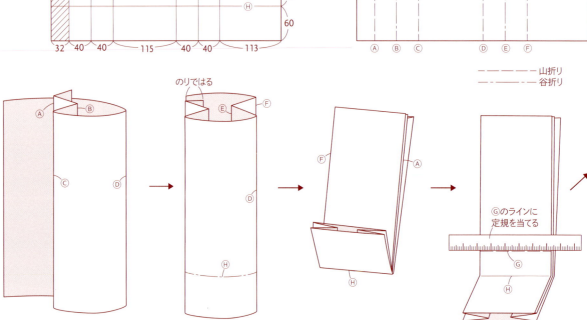

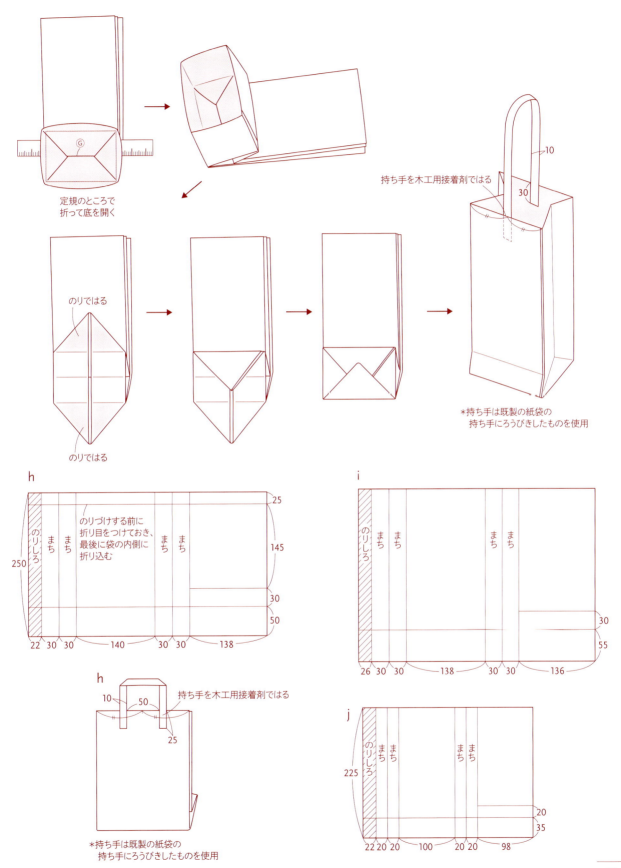

折曲厳禁の封筒を作る

BAG & ENVELOPE 2

以前、イギリスからの郵便物が入っていた封筒に目からうろこ。日本では封筒の中に厚紙を入れたり、緩衝材を入れたりと大げさなのに、封筒の裏面が厚紙でできていました。もう一つ便利なのは、例えばA4サイズの紙でA5サイズの封筒を作ろうと思ってものり代分がとれませんが、ボール紙を用意すれば作ることができます。ここでは日本の封筒の規格サイズに合わせました。出し入れしやすいようにゆとりを持たせるのがポイントです。

How to make / p.52-53

折曲厳禁の封筒を作る

BAG & ENVELOPE 2

DESIGN / P.50-51

折曲厳禁封筒の型紙は、それぞれP.50の2点は「角6封筒（A5用）」、
P.51左は「洋2封筒（ポストカード用）」、右は「角3封筒（B5用）」に合わせて作っています。
裏側に当てる厚紙は封筒のサイズより少しずつ小さくなっています。
このサイズの差は、P.52にも書いているゆとりになり、中身の出し入れが容易になります。
封筒の紙も裏板になる厚紙も身の回りにあるものの再利用で充分ですので
個性豊かな封筒を仕上げてみてください。
「Please do not bend」のスタンプは「折り曲げないでください」の意味。

材料

P.50 左はD-CRAFTブロック＝A4サイズ（210×297mm）、クラフト厚紙＝148×210mm
　　　右はD-CRAFTフラワー＝A4サイズ、クラフト厚紙＝148×210mm
P.51 左はクラフトペーパーデュプレN＝A5サイズ（148×210mm）、クラフト厚紙＝100×148mm
　　　右はクラフトペーパー＝B4サイズ（257×364mm）、クラフト厚紙＝200×257mm
型紙用の厚紙＝p.50は162×229mm、p.51左は114×162mm、右は216×277mm
両面テープ

仕上りサイズ

P.50は約163×230mm、P.51 左は約115×163mm、右は約218×275mm

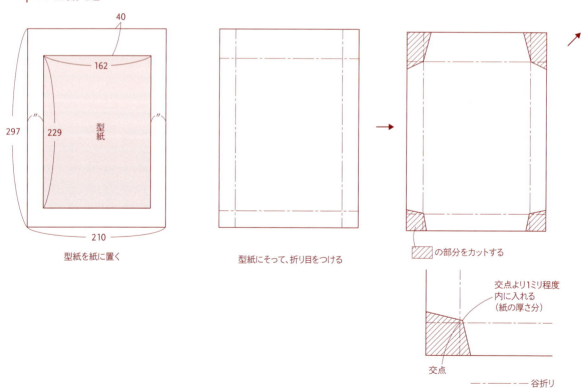

p.50 左右共通

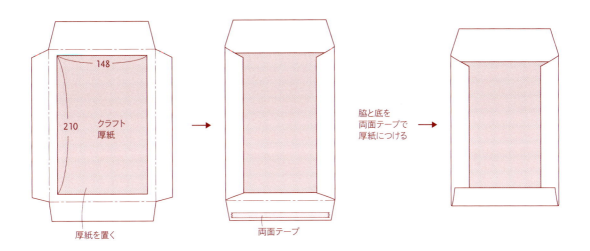

p.51左　作り方はp.50左右と同様

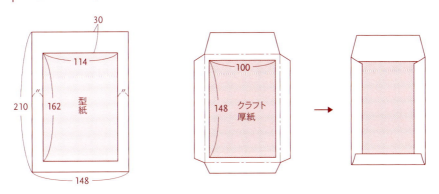

p.51右　作り方はp.50左右と同様

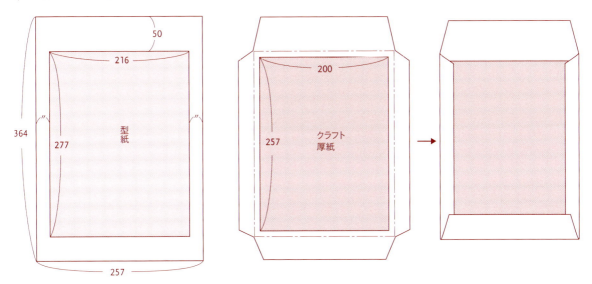

PETIT GIFT 1
小さなものを包む

ちょこっと贈りたい時に、中身の見える透ける紙で包むのはとても端的で分かりやすいものです。折ったり、のりではって回りを切ったり。贈られた人が開けやすいことも考慮して。
HOW TO MAKE / P.56-57

55

小さなものを包む

DESIGN / P.54-55

ちょっと誰かに贈りものをしたいとき、渡した瞬間に中身が分かる透ける紙、中でも薬包紙としても使われるパラフィン紙はのりと相性がよく便利です。他にも白いすじ入りハトロン紙などを使用しました。柄入りの紙と透ける紙で遊んだり、包むものとの相性で選んだり、贈る相手、渡すときのシチュエーション、その時々でしっくりくるものを選ぶことが大切なことだと考えます。

材料

a,f,k　パラフィン折り紙、薬包紙
b　白い折り紙、薬包紙
c　デコパージュ用ペーパー＝200×145mm、丸シール＝直径30mm
d　筋入りハトロン紙＝A5サイズ（210×148mm）、丸シール＝直径20mm
e　筋入りハトロン紙＝148×148mm
g　柄入り折り紙、薬包紙
h　チェコのワックスペーパー、薬包紙
i　パラフィン折り紙＝200×200mm、丸シール＝直径20mm、紙ひも＝20cm
j　パラフィン折り紙＝200×200mm、薬包紙

仕上りサイズ

a 約直径70mm、b 約直径75mm、c 約90×118mm、
d 約73×75mm、e 約72×72mm、f 約直径85mm、
g 約直径70mm、h 約直径75mm、i 約85×140mm、
j 約67×130mm、k 約直径65mm

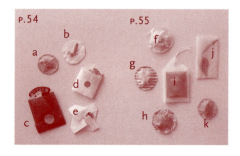

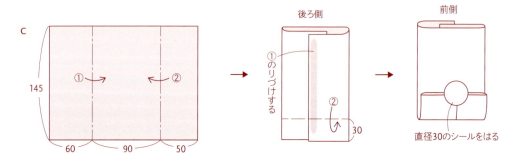

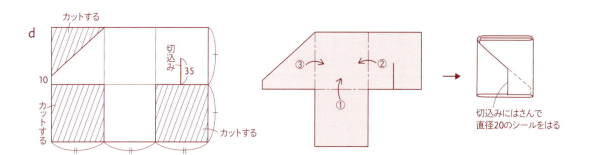

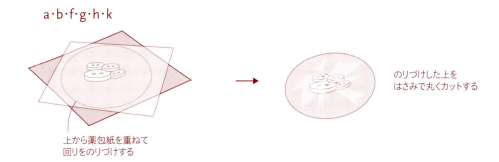
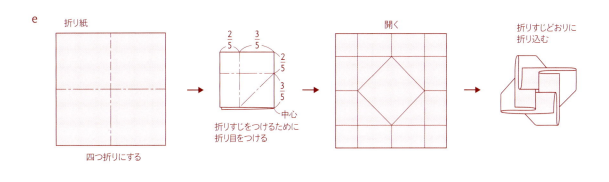
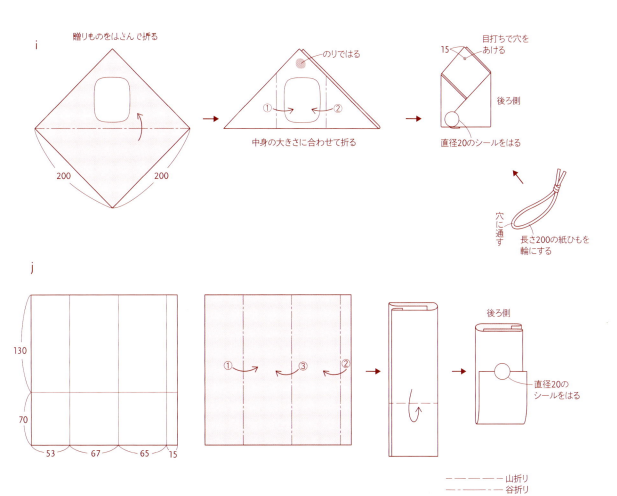

PETIT GIFT 2
香りを包む

お香やエッセンシャルオイルなど、生活の中で香りを楽しむかたは多いと思います。気に入った香りやハーブなどをちょっとお裾分けしたい時に、薬包紙が適度な透け感と張りがあって便利です。

HOW TO MAKE / P.60-61

PETIT GIFT 2 香りを包む

DESIGN / P.58-59

ここでも薬包紙を活用しています。
以前は香りに関するものは、あまり知識もなくおしゃれなものくらいにしか思っていませんでしたが、
今はその時々に合った香りの贈りものは、とても相手を思いやれるものだと心から思っています。
だからこそ、カジュアルにあまり仰々しくない感じで包むのはいかがでしょうか。
簡単でもよいので説明書きが添えてあればさらに親切です。

材料
薬包紙＝120×120mm（すべて共通）、麻ひも＝適宜

仕上りサイズ
a 約40×85mm、b 約75×120mm、c 約60×85mm、
d 約55×100mm、e 約45×93mm、
f,g,h,i 約60×45mm、j 約170×60mm

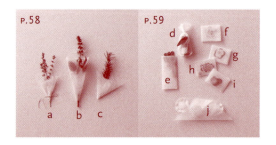

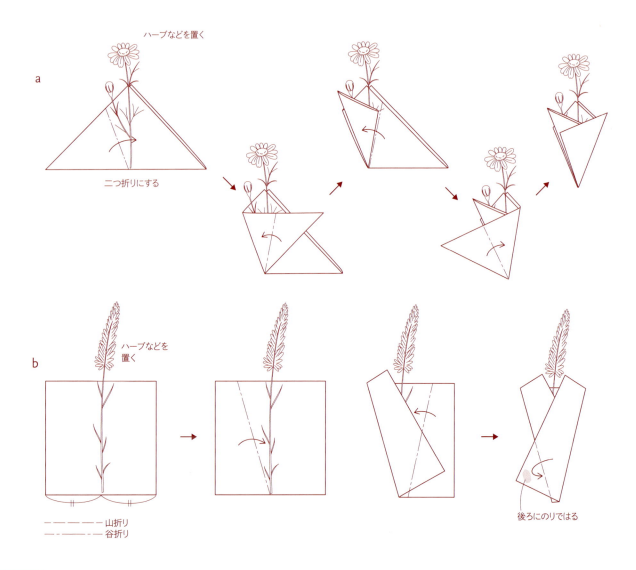

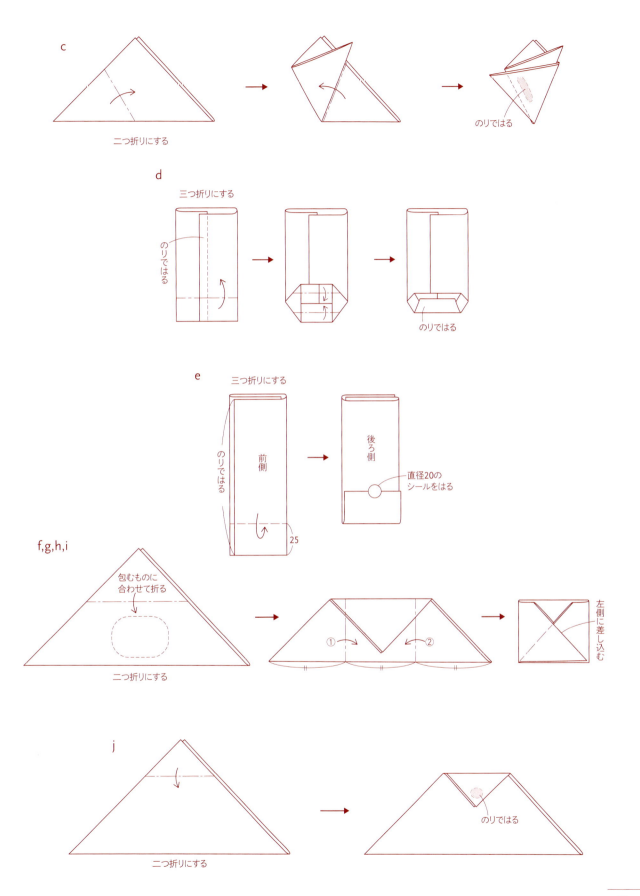

KAKEGAMI 1
掛け紙を遊ぶ

「熨斗」のページでも触れましたが、熨斗紙という言葉は後に生まれた言葉です。普段は掛け紙と呼んでいます。ここではその素材で遊んでみました。マッチ箱タイプの箱なので紙は巻いていますが、ふたつきの箱ならふたのみに掛けると、贈られたかたもはずしやすいです。

HOW TO MAKE / p.64-65

左ページ／白い掛け紙。左からグラシン紙、リネン、和紙、古い楽譜。右ページ／柄を生かした掛け紙。左から白い紙＋チェコのワックスペーパー、デコパージュペーパー＋グラシン紙、古い地図。

掛け紙を遊ぶ KAKEGAMI 1

DESIGN / P.62-63

リボンのかかった贈りものもすてきですが、掛け紙を使うことに慣れると
簡単なのにワンランクアップした贈り方ができます。
ここで紹介している方法はとてもカジュアルですが、
これらの包み方（掛け方）以外に懐紙に朱色の筆（市販の筆ペン）ですーっと一本線を引き、
ひとこと手書きで添えたものを掛けるのも大人っぽくておすすめです。
もちろん水引が手もとにあれば結んでみても。

材料

- a　グラシン紙＝幅40mm（箱の胴回り＋30mm）、丸シール＝直径15mm
- b　リネン＝幅55mm（箱の胴回り＋15mm）、麻ひも（ホワイトレーン）＝約1m
- c　白い和紙＝幅40mm（箱の胴回り＋20mm）、シルバーの平ゴム
- d　古い楽譜＝幅45mm（箱の胴回り＋20mm）
- e　白い和紙＝幅78mm（箱の胴回り＋20mm）、チェコのワックスペーパー＝幅60mm（箱の胴回り＋20mm）
- f　デコパージュペーパー＝幅65mm（箱の胴回り＋20mm）、グラシン紙＝幅110mm（箱の胴回り＋20mm）
- g　古い地図＝幅50mm（箱の胴回り＋20mm）

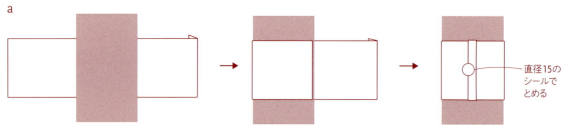

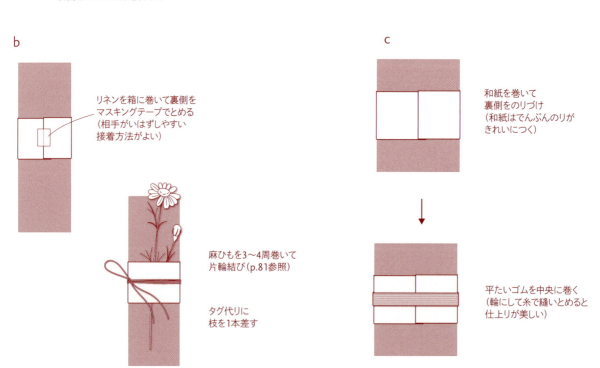

d

古い楽譜を巻いて
裏側でマスキングテープや
のりでとめる

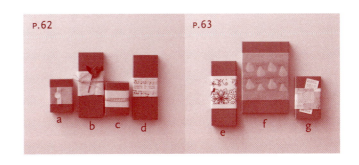

e

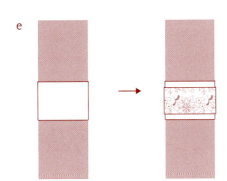

掛け紙を巻いて
裏でマスキングテープやのりでとめる

その上からもう1枚、チェコの
ワックスペーパーを
巻いて裏でとめる

f

デコパージュペーパーを巻いて
裏側でマスキングテープでとめる

さらに上から模様が透ける
グラシン紙を巻いて
裏側でとめる

g

古い地図のデザインの
好きなところを選んで
カットしたものを箱に巻く

裏側でマスキングテープ
でとめる

KAKEGAMI 2
掛け紙で遊ぶ

みんな知っている紙でできたテープ。手に入りやすい紙テープは意外に万能です。掛け紙またはリボンのように使ってみましょう。中身が見える透明な袋に使うと効果的です。巻いたり、ねじったり、メッセージのスタンプを押したり。カラフルに遊んでみましょう。

HOW TO MAKE / P.68-69

掛け紙で遊ぶ

KAKEGAMI 2

DESIGN / P.66-67

掛け紙と呼ぶには細すぎるかもしれませんが、紙テープのあるなしでは全く印象が違います。
カラフルで安価なラッピング素材の一つと考えています。
また紙質と色合いがとても懐かしいこともポイントです。
幅を広く見せるために何回か巻きつけるという方法もおもしろいでしょう。

材料
紙テープ＝各色適宜

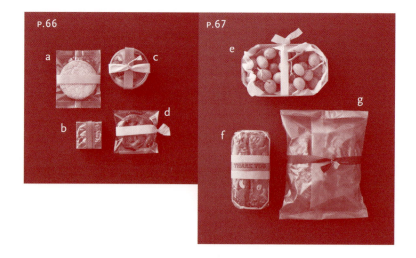

a

紙テープを巻いて
裏側をテープでとめる

b

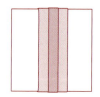

青い紙テープを巻いて、裏側でテープでとめ、
その上から細くカットした赤い紙テープを
さらに巻いてとめる

c

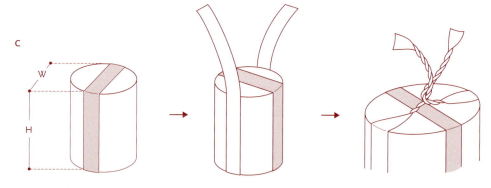

赤色の紙テープを図のように
巻いて、底をテープでとめる

黄緑色の紙テープを巻き、
((W+H)×2+100)
先端をこよりのように
ねじってとめる

d

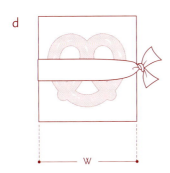

黄色の紙テープ（W×2+60）で巻いて
右側でクロスしてねじり、紙テープの先を
ちょうちょのように広げて長さに合わせて
カットする

e

黄緑色のテープ
（本体の胴回り+100）を
パッケージに巻き、上部の端で
クロスしてねじり、
紙テープの先をちょうちょのように
広げて長さを合わせてカットする

f

パウンドケーキに50幅の紙（D-CRAFTドット）を
巻いて裏面をテープでとめる。
その上からスタンプを押した緑色の
紙テープを巻き、裏側をテープでとめる

g

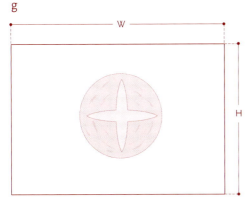

食品用ワックスペーパーの上にパンを置く

●ワックスペーパーのサイズ

W…パンの胴回り+50以上
H… 〃 　　+100以上

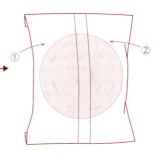
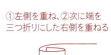

①左側を重ね、②次に端を
三つ折りにした右側を重ねる

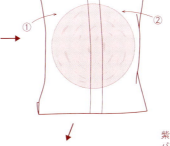

上下の端を谷折りし
中央をホチキスでとめる

紫色の紙テープ（パンの胴回り+60）を
パンの回りに巻きクロスさせ、ねじって
ちょうちょのようにとめる。
テープの先をきれいにそろえてカットする

BAG & ENVELOPE 3

プチ封筒の
アドベント
カレンダー

小さな封筒に入る贈りものを
探す楽しみ、開ける楽しみ。
封筒を作る際は2枚の型紙を
用意すると簡単です。
HOW TO MAKE / p.72

プチ封筒のアドベントカレンダー

BAG & ENVELOPE 3

DESIGN / p.70-71

名刺サイズの½程度のプチ封筒（ダイヤ形）をたくさん作ってアドベントカレンダーのフレームに。
サイズを拡大すればきちんとした招待状に使えるダイヤ形の封筒を作ることができます。
p.71は毎日一つずつクリスマスまで開けていった封筒の中身を集めてツリーの形に。
贈る相手を楽しませてくれます。

材料
ファーストビンテージ＝イエローオーカー、スカーレット、ターコイズ、アッシュを適宜
型紙用の厚紙＝型紙1は105×105mm、型紙2は55×45mm

仕上りサイズ
約56×46mm

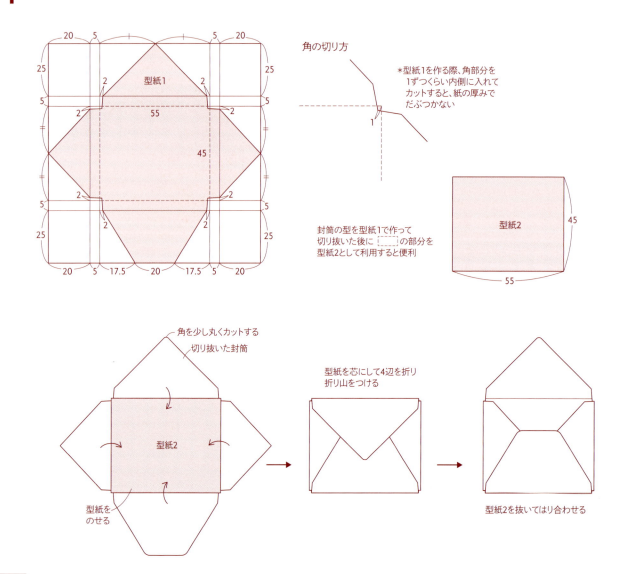

BASICS
折形基本のレッスン

紙のこと　PAPER

普段使う紙は基本的には和紙と洋紙で用途を分けています。和紙でも手漉きと機械で漉いたものでは手触りも価格も違います。遠い昔手漉きの和紙しかなかった時代と今では選択範囲も全く違いますので、手漉きの和紙を常に入手できる環境であれば別ですが、それにこだわらず自分の好きな紙、贈る相手の好み、贈るものに合わせた紙を知る、そして選ぶことが必要だと考えます。インターネットの発達で海外の紙、業務用の紙が入手しやすい時代になりました。よく使う紙の名前やサイズを覚えたり、いろいろなパッケージなどに使われている様々な紙に興味を持つと、使う楽しみも増えることでしょう。

檀紙と奉書

折形には書と同じく「真・行・草」があり、贈るシチュエーションよって使い分けます。しぼのある檀紙は祝儀袋など使う正式な和紙です。手漉きの檀紙や奉書は以前に比べると入手が難しく、和紙の売り場があっても店員のかたが名前も知らないという残念なこともあるので余計に大切に感じます。

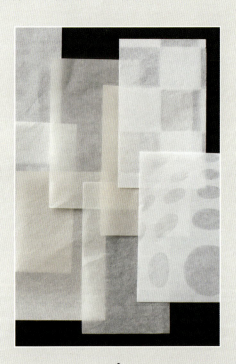

白い和紙

本書では手漉き、機械漉きにかかわらず、白い和紙を様々に使用しました。婚礼などの正式な時でなければ、美しい和紙がたくさんあるので工夫して使用することは楽しいことと考えます。特に半紙や懐紙、障子紙などは価格も手ごろで入手しやすいので好きな紙を見つけたら買い求めてみてはいかがでしょう。

グラシン紙、トレーシングペーパーなど好きなかたも多いと思います。ろうをひいたワックス（パラフィン）ペーパーの類はその紙の素材で表情も違い用途が広がります。

いちばん入手しやすいと言っても過言ではない折り紙の数々。今ではサイズも素材も柄も様々です。本書では表裏に色がついたものも使用しています。

透ける紙　TRANSPARENT PAPER

折り紙　ORIGAMI

包装紙　WRAPPING PAPER

クラフト紙　KRAFT PAPER

業務用の包装紙やオリジナルデザインを印刷できたりと便利な時代になりました。本書でもご紹介しているとおりA4サイズで充分応用範囲があるので好きな紙を見つけてみましょう。

以前は梱包用のイメージが強かったクラフト紙ですが、業務用の持つシンプルさや強度が魅力です。ここでは画家の絵が印刷されたものやエンボス加工のものなど様々に多用しています。

FORMAL 基本の結びと折形

その昔身分の差があった時代、高位なかたへの贈りものには金銀の水引、目上のかたへは紅白の水引を用いていました。使用する和紙は檀紙(しぼのある和紙)が正式です。＊檀紙には大高檀紙、小高檀紙などの種類があります。
水引の結び、婚礼用は結びきり(p.77左)、その他の慶事には両輪結びがあり、結びきりは「ほどけない＝二度とない」、両輪結びは「ほどきやすい＝何度であってもよい」という意味で使い分けられています。上のあわじ結びは地域差などがあり、婚礼用とするところと、慶事全般に使われるところがあります。あわじ結びは元々その形が鮑(あわび)に似ているためその名がつき、口伝で変化したと思われますが、淡路結びと呼ばれるようになりました。
使用する水引は奇数で5本を基準に内容によって結び分けます。

祝儀袋を折る
SHUGIBUKURO

折形を折る際は手をきれいに洗い、包む和紙の位置を斜めにしたり裏返しにしたりしないようにします。本書では内包み用には奉書を使用していますが、半紙でもかまいません。紙を重ねる＝心を重ねることで、贈る相手のことを思うことが大切です。洋紙と違い、折り目はしごかず、和紙の繊維を丁寧に押さえるように折ります。

＊仕上りサイズは折る人の手によって変わります。

ここでは手漉き奉書390×530mm、手漉き檀紙390×530mmを使用。

1 内包み

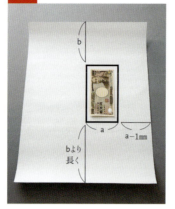

① 仕上りサイズ（写真の中の太枠を参照）をイメージしながら、奉書の上にお札を置きます（お札の向きは左側が上になるように）。

② 上になる側（右側）を一度折って、折り目をつけます。

③ ②で折った右側を開いたところ。

④ 本書で使用している奉書はサイズがお札に対して大きめなので、左端を一度折っています（包む紙を切ることはしません）。

⑤ 再度折り重ねます。この時点で内包みの左右のサイズが決まります。

⑥ 右端を重ねます。お祝いの場合は向かって右が上になります。不祝儀の場合は逆に左側が上になります。

⑦ お祝い事の場合は先に上部を裏側に折ります。この時和紙を裏返すことはせず表を向けたまま折ります。

⑧ 次に下部を折り上げます。お祝い事はうれしいことなので顔も上を向くと覚えるとよいでしょう。不祝儀の場合は、悲しみで頭を垂れるので下向きで閉じます。

2 外包み

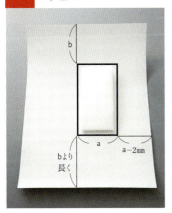

① **内包み-①**と同じく仕上りサイズをイメージして、檀紙（外表）の裏に内包みを置きます。

② **内包み-②**と同じく、上になる側（右側）を一度折り、折り目をつけて開きます。

③ 左側をイメージした仕上りサイズの位置で折ります。

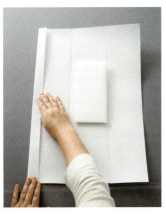

④ 左側の幅が少し広いため、一度開いて左端を少し折ります。

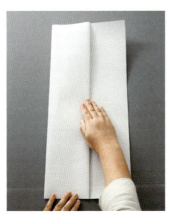

⑤ 再度左を折ります。この時点で折形の左右のサイズが決まります。

⑥ 右端を重ねます。この時左端の重ねのすきまが狭いほど美しく、お祝いの場合は向かって右が上になるので、着物を着せてあげるようにイメージして折ると覚えやすいでしょう。不祝儀の場合は本来は左が上になります。

⑦ 和紙の位置はそのままで、先に上部を折り、次に下部分を折ります。**内包み-⑧**と同様な意味で不祝儀の場合は、下向きで閉じます。

3 ポイントに紅をさす

① 白い和紙のみでもいいのですが、簡単で華やかになる赤い和紙でポイントをつける方法です。赤い和紙を入れる場合は、右端を3mm程度短めに折っておきます。

② 幅2cm程度の赤い奉書を折形のサイズに合わせ、1〜2mm見せてはさみ、両面テープやのりで軽く接着します。全体にのりづけする必要はありません。

続き→P.80

水引の結び方（あわじ結び）

④ 水引を用意する

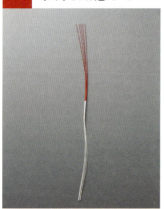

今回は紅白五本づけを使用して、結びます（長さ60cm）。

① 左側に白色（金銀の水引の場合は銀色）をおき、折形を水引の中心にのせます。

② 力を入れて締めた時に美しく見えるように、先に左右の折り目をきちんとつけてから結ぶようにします。

③ 白色の水引をきちんとそろえて、軽くしごきます。

④ 白色の水引で写真のように輪を作り、輪の上に水引を重ねます。

⑤ ④で作った白色の輪に赤色の水引をそろえて、写真のようにのせます。

⑥ 赤色の水引がゆるまないように引っ張りながら再度そろえます。

⑦ 写真のように赤色の水引を白色の水引の後ろにくぐらせます。

⑧ 赤色の水引で輪を作りながら、白色の水引と上下が交互に交差するように編み進めます。

⑨ あわじ結びの形ができたところ。ここからきちんと締めていきます。

⑩ 赤色の水引を内側にあるものから1本ずつ引きながらゆっくり締めて、形を整えていきます。

⑪ 同じく白色の水引も内側にあるものから1本ずつ引きながらゆっくり締めていきます。

⑫ あわじ結びが整ったら、両端をそろえてカットします。

〈 結びきり 〉

1 水引を平らに置き(白色が左)、その上に折形(包み)を載せ、5本の水引が重ならないようにそろえて写真のようにクロスし、しっかりと締める。

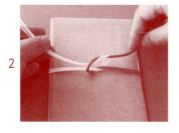
2 ねじれないように気をつけながら、白色の水引を写真のように回して本結び(結びきり)をする。

3 左右の水引の先端を折形に合わせてバランスよくカットする。

〈 両輪結び(もろわな) 〉

1 結びきりの1と同様にクロスして引き締め、赤色5本をそろえて輪を作る。

2 次に白色5本をそろえて、輪を作りながら赤色の輪の下にくぐらせる。

3 左右の輪を引いて締め、左右の水引の先端をバランスよくカットする。

〈 片輪結び(かたわな) 〉

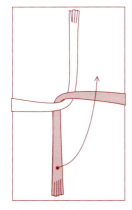
1 結びきりの1と同様にクロスして引き締め、赤色を引き上げる。

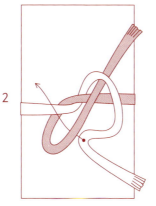
2 白色5本で輪を作りながら、赤色の間にくぐらせる。

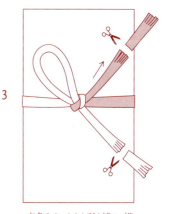
3 赤色をきっちりと引き締め、端はバランスよくカットする。

〈 玉結び 〉

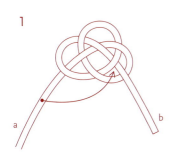
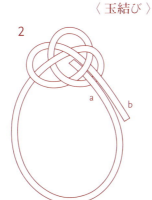
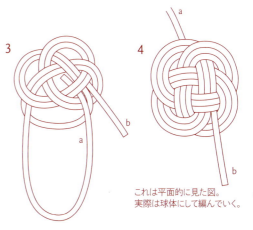

これは平面的に見た図。
実際は球体にして編んでいく。

81

熨斗を遊ぶ NOSHI

Design / p.43

熨斗の本来の使い方は別として、この形を見ただけでおめでたいという印象を持つかたは多いと思います。
4cm角の紙でここでは紹介しきれないほどたくさんのバリエーションを作ることができます。
柄のある紙を使ったり、2種類の紙を重ねたり、左右を重ねるときは
必ず右側が上にくるように（お祝いの折形と同じ）気をつけましょう。
小さな半衿を遊ぶように楽しんで作ってみてください。

材料
クラフトペーパーデュプレN＝各40×40mm、
aは金色の折り紙＝2×30mm、bは純金水引＝45cm、
cは純金水引＝15cm、dは赤の丸シール＝直径5mm、
eは金色の折り紙＝2×30mm

仕上りサイズ
約18〜32×57〜80mm

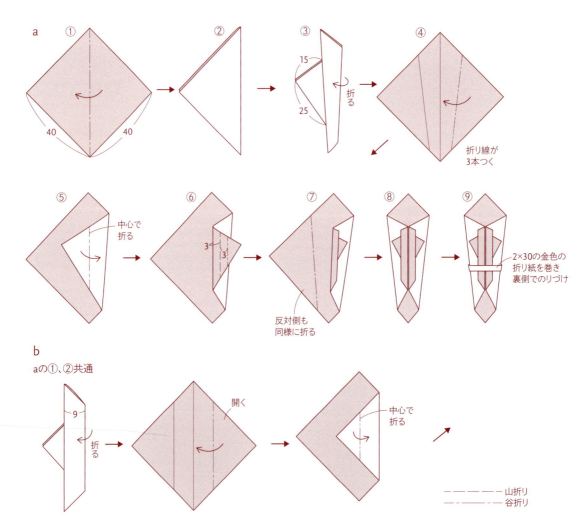

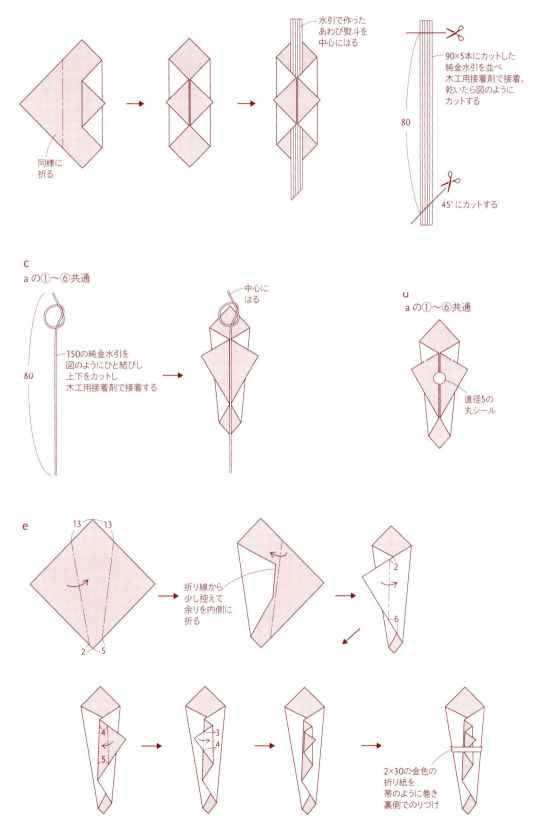

袋を作る

BAG & ENVELOPE 1

DESIGN / P.46-47

角底袋よりもずっと簡単にできる底まち袋（亀底袋）。必要なときにあまり時間もかからずに作ることができます。
ここでは割と大きめの袋を紹介していますが、ポストカードサイズくらいで作るとかわいらしいものができます。
小さなサイズは、ちょっとお菓子をお裾分けしたりするのにも便利です。
本書では持ち手や市販の玉ひも（マルタック）などを使用していますが、
口部分は三つ折りにして目打ちなどで穴をあけ、割ピンでとめたり、ひもを通して結ぶだけで簡単に封緘できます。

材料
- b　D-CRAFTドット＝A3サイズ（297×420mm）
- c　パラフィン紙（ろうびきクラフト）＝A3サイズ
- d　クラフト紙＝A3サイズ
- e　銀竹クラフト紙＝225×300mm、とめ具
- f　糸入りクラフト紙＝A3サイズ、
　　クラフトバンド6本づけグレー＝37cm2本
- g　銀竹クラフト紙＝225×600mm

仕上りサイズ
b 約200×227mm、c 約193×220mm、d 約140×340mm、
e 約140×175mm、f 約200×230mm、g 約290×113mm

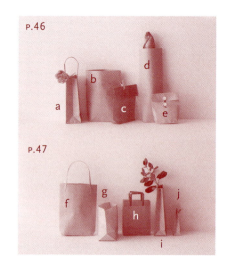

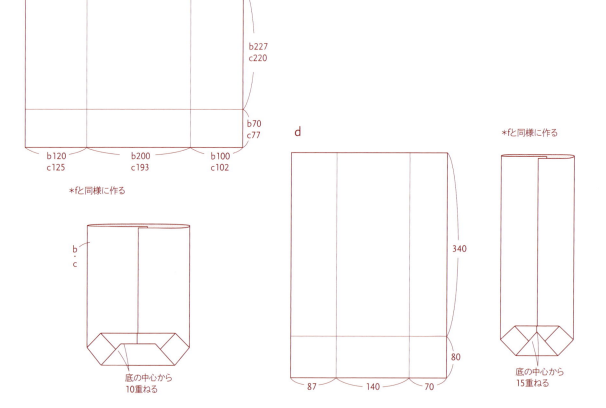

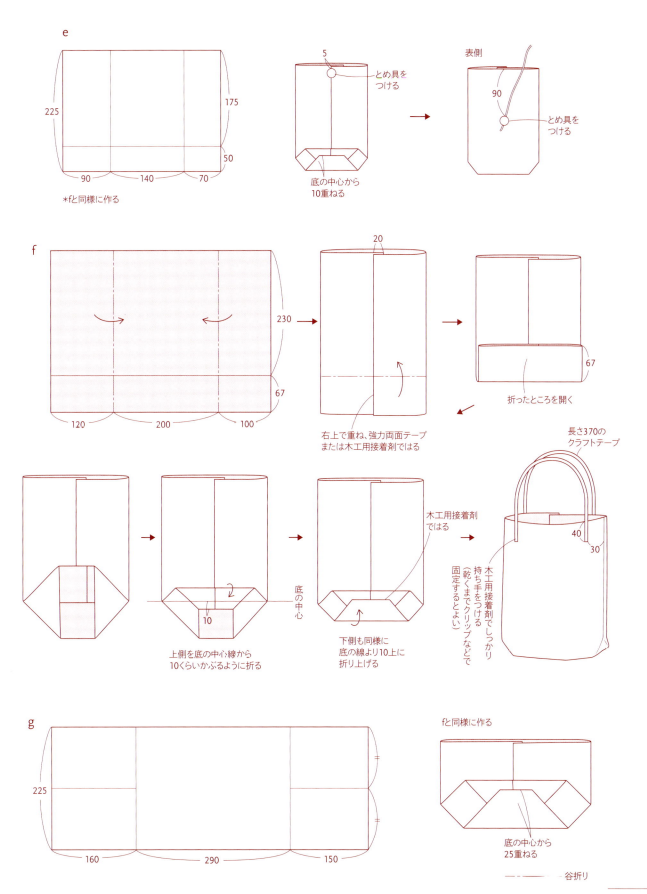

短冊で遊ぶ TAG

DESIGN / P.35

未さらしのコースターを短冊代りに使った折形。
コースターはしっかりしているうえに、価格もお手ごろなのでふんだんに使えることも魅力です。
ここでは3mmのクラフトパンチで穴をあけていますが、
目打ちなどで充分代りになりますので、気をつけながらあけてみてください。
メッセージを書いたり、贈る相手の似顔絵を描いたりとアイディアは広がります。

材料
p.35 左はD-CRAFTドット＝A4サイズ（210×297mm）、コースター＝直径9cm、絹巻き水引＝青90cm
　　 右はD-CRAFTドット＝A4サイズ、コースター＝直径9cm、絹巻き水引＝赤20cm
型紙用の厚紙＝100×100mm

仕上りサイズ（共通）
約98×103mm

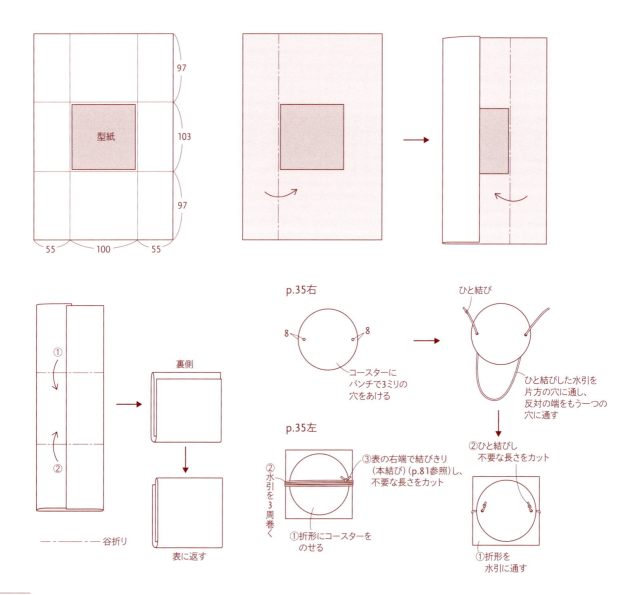

封筒と紙の話
STANDARD SIZE

封筒はさまざまな場面で使うことの多い文具だと常々思っています。最近ではeメールが主ですが、ポストの中に自分あての手紙を見つける瞬間はうれしいものです。

私の友人やお取引先からは、よく茶筋のハトロン紙でできている（昔から国内で使われてる）長形の封筒で手紙や書類が送られてくることが多いのですが、毎回「好きだなあ」と思います。でも実際は「安っぽい」と思うかたのほうが多いかもしれません。双方の好みが似ているかどうかも分かれ道です。

どこへ行ってもたくさんの種類の封筒が売られている現代、封筒なんてなんでもいいと思っているかたもいらっしゃるかもしれませんが、中身や使用目的によって選ぶこともマナーの一つだと考えます。

ここでは普段の暮しに役に立つと思うことを少しだけ紹介します。

1. 自分で作ることができる
市販やオリジナルのテンプレートを使って好きな紙（包装紙にアイロンをかけたり、雑誌のページを使ったり）で封筒を作ります。はさみとのり（または両面テープ）があれば簡単です。普段からストックしておくと、ラッピングにも使えて便利です。

2. 封筒にもTPOがある
封筒の裏側ののりしろ部分の違いに気がつくこともあるかと思いますが、カマスばりというはり方の方法から四角をカマス形、三角になっているタイプをダイヤ形と呼びます（封筒を開くと菱形になります）。
ダイヤ形は招待状や挨拶状などに使用します。結婚式やパーティなどの招待状にこの形をよく見かけると思います。よって、普段使いやビジネス文書のやりとりには不向きです。また白色の封筒が基本ではありますが、それらを踏まえたうえで、好きな色の封筒を使用するのはその人らしさが出てよいなと思います。

3. 封筒に関係するサイズを知る
まずは定形郵便物のサイズを知っておくことをおすすめします。封書の場合、短辺が90〜120mm、長辺が140〜235mmの規定があります。つまりは定形郵便で送るには90×140mmが最少で、最大は120×235mm。厚み（10mm）や重さ（25gまで）の規定もありますので、覚えておくと便利です。ちなみに通常はがきの場合、最少サイズは同じですが、最大サイズは107×154mmになりますので私製はがきを作るときはご注意ください。
一部ではありますが封筒のサイズ表を参考までに記載しました。それぞれ決まったサイズと名称があります。

封筒のサイズ表
★：定形外最大サイズ

表示名	番号	サイズ (W×H) mm	定形郵便物	
長形（ながた）＝Nで表記される	1号	142×332		
	2号	119×277		
	3号	120×235	○	★
	4号	90×205	○	
	5号	90×185	○	
	8号	119×197	○	
	13号	105×235	○	
	14号	95×217	○	
	30号	92×235	○	
	40号	90×225	○	
角形（かくがた）＝Kで表記される	0号	287×382		
	1号	270×382		
	2号	240×332		
	3号	216×277		
	4号	197×267		
	5号	190×240		
	6号	162×229		
	7号	142×205		
	8号	119×197	○	
	20号	229×324		
	B3号	375×525		
	A3号	335×490		
	A4号	228×312		
	ジャンボ	435×510		
洋形（ようがた）＝Yで表記される 基本的には横長の封筒	0号	235×120	○	★
	1号	176×120	○	
	2号	162×114	○	
	3号	148×98	○	
	4号	235×105	○	
	5号	217×95	○	
	6号	190×98	○	
	7号	165×92	○	
	8号	235×120	○	★
	特1号	198×138		
	長3号	235×120	○	★
	長4号	205×90	○	
	東京3号	170×120	○	
その他に国際規格のCシリーズなどもあります				

紙の種類についてはp.74で紹介していますが、ここではサイズについて簡単にお話します。

紙のサイズは小さくなるにつれて数字は大きく、面積は半分になります（A1＞A2＞A3…割り切れない場合は小数点以下で切り捨て）。はがき、名刺、A4、B5などのよく使うサイズを知っておくと便利です。

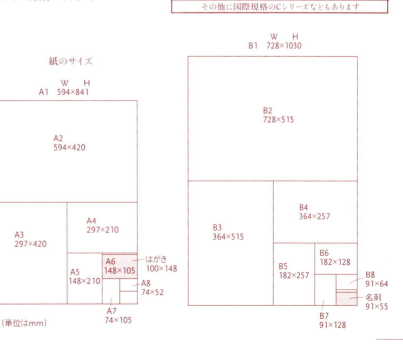

紙のサイズ（単位はmm）

A1 594×841
A2 594×420
A3 297×420
A4 297×210
A5 148×210
A6 148×105 ／はがき 100×148
A7 74×105
A8 74×52

B1 728×1030
B2 728×515
B3 364×515
B4 364×257
B5 182×257
B6 182×128
B7 91×128
B8 91×64
名刺 91×55

内野敏子 UCHINO TOSHIKO
水引工芸家

1963年、熊本生れ。武蔵野美術短期大学卒業。
広告デザイン、建築設計の仕事を経たのち、
1995年より水引工芸、2000年よりバスケタリーを始める。
「普段の暮しに水引を」をテーマにオリジナル作品の制作販売、個展開催、
水引教室主宰（熊本県熊本市）、全国各地でワークショップを開催。
2012年3月　宮城県山元町の仮設住宅でワークショップ
2014年9月　日本十字社からの依頼で仏十字社150周年記念品制作
2016年「神の手ニッポン展2」のメンバーに選ばれ、東京・目黒雅叙園にて展示
ホームページ　http://uchinotoshiko.web.fc2.com/
著書に『水引　基本の結びと暮しの雑貨』（文化出版局刊）ほか

あとがき

昨春「平成28年熊本地震」で被災し、生活が大きく変化しました。
そのさなか、今回の本のお話をいただいたうえに、前回の水引の本と
同じメンバーで作ることになり、なんと幸運なのでしょうと思いました。
本書の「香りを包む」のページは震災後に私自身がいただいた
さまざまな香りに心からいやされたことがきっかけです。
ものを贈る行為は生活とは切り離すことができず、相手のことを思って
行なわれるその作業はほんとうに尊いことだと実感します。
その思いが少しでも伝わるよう願っております。
最後にこの本に関わってくださったすべてのかたがたに
心から感謝申し上げます。

STAFF

ブックデザイン	天野美保子
撮影	南雲保夫
スタイリスト	澤入美佳
トレース	大楽里美（day studio）
校閲	向井雅子
編集協力	黒川久美子
編集	平井典枝（文化出版局）

SPECIAL THANKS　岡村千恵子　清水里香　長島裕介
　　　　　　　　　　丹羽裕美子　内野 隆

撮影協力
AWABEES　　TEL.03-5786-1600
UTUWA　　　TEL.03-6447-0070

材料取扱店リスト
伊東屋（G・Itoya）
TEL.03-3561-8311　　http://www.ito-ya.co.jp/
折り紙（p.22,23）、デコパージュペーパー（p.54,63）

小津和紙
TEL.03-3662-1184　　http://www.ozuwashi.net/
和紙と半紙（各ページ）、折り紙（p.30,31）

しろつめ　＊オンラインショップのみ
http://shirotsume.com/
水引（p.34,35,38,43,76,77）、クラフトペーパー（各ページ）、
水玉包装紙（p.75）、古い地図と楽譜（p.62,63）、薬包紙（p.54,55,58,59）、
活版印刷の短冊（p.34）

スコス
TEL.03-3814-7961　　http://scos.gr.jp/
パラフィン折り紙と柄入り折り紙（p.54,55）

チャルカ
TEL.06-6764-0711　　http://www.charkha.net/
柄入りクラフトペーパー（p.51,75）、筋入りハトロン紙（p.54）、
チェコのワックスペーパー（p.55,63）

ハンズマン画図店
TEL.096-370-8070
パラフィン紙（p.28,46,47）、糸入りクラフト紙（p.46,47）

ペーパーパーク　ジョイノーヴァ
TEL.076-249-1629　　http://joynova.biz/
紙箱（p.62,63）、チョコグラシン、パラフィン紙（p.26）、
銀竹クラフト紙（p.46,47）、薄葉紙（p.27）、包装紙（p.70,71,75）

折形
基本の包みと暮しの贈りもの

2017年3月19日　第1刷発行

著　者　内野敏子
発行者　大沼 淳
発行所　学校法人文化学園 文化出版局
　　　　〒151-8524 東京都渋谷区代々木3-22-1
　　　　TEL.03-3299-2487（編集）　TEL.03-3299-2540（営業）
印刷・製本所　株式会社文化カラー印刷

©Toshiko Uchino 2017 Printed in Japan
本書の写真、カット及び内容の無断転載を禁じます。

・本書のコピー、スキャン、デジタル化等の無断複製は
　著作権法上での例外を除き、禁じられています。
　本書を代行業者等の第三者に依頼してスキャンやデジタル化することは、
　たとえ個人や家庭内での利用でも著作権法違反になります。
・本書で紹介した作品の全部または一部を商品化、複製頒布、及びコンクールなどの
　応募作品として出品することは禁じられています。
・撮影状況や印刷により、作品の色は実物と多少異なる場合があります。ご了承ください。

文化出版局のホームページ　http://books.bunka.ac.jp/